징검돌 놓기

김웅길 제11시집

징검돌 놓기

초판 1쇄 발행 2024년 10월 31일

지은이 김웅길
펴낸이 장길수
펴낸곳 지식과감성#
출판등록 제2012-000081호

교정 김지원
디자인 서혜인
편집 서혜인
검수 이주연, 이현
마케팅 김윤길, 정은혜

주소 서울시 금천구 빛꽃로298 대륭포스트타워6차 1212호
전화 070-4651-3730~4
팩스 070-4325-7006
이메일 ksbookup@naver.com
홈페이지 www.knsbookup.com

ISBN 979-11-392-2168-8(03810)
값 17,000원

• 이 책의 판권은 지은이에게 있습니다.
• 이 책 내용의 전부 또는 일부를 재사용하려면 반드시 지은이의 서면 동의를 받아야 합니다.
• 잘못된 책은 구입하신 곳에서 바꾸어 드립니다.

지식과감성#
홈페이지 바로가기

징검돌 놓기

김응길 제11시집

끝없는 자기 성찰을 통해 얻은
생각과 감성 그리고 경험들을
일상의 친숙한 낱말에 녹인 시

혼돈의 세상에서 길을 잃고 헤매는
방황하는 자들을 위한
행복으로 가는 징검돌

序詩

징검돌

거기 있어
존재 이유가 되고
흐르는 물
거스르지 않음으로
태곳적 섭리를
터득한 너

머리로 세상을 이고
따스한 품속
포근함이 밀려와
등 밟는 나그네
한 걸음
더 나누어 주고

아득한 기억 속
떠나 버린 물줄기
외로움 세어 볼수록
미련인 것을
그리움 터널 속에서
단단해지는 너의 심장

목차

징검돌 하나
행복

행복 찾기(1) 16
난간 손잡이 17
사랑받기 18
출근길 19
오솔길 20
슬픔이 기쁨에게 21
배경음악 22
알고 있답니다 23
천지 창조 24
행복 찾기(2) 25
흔들림 26
부부夫婦 27
방향전환方向轉換 28
행복입니다 29
어떤 행복(1) 30
어떤 행복(2) 31
숨쉬기 32
텃밭 가꾸기 33
힘내요 당신 34
언덕 35

징검돌 둘
선택

청혼請婚 38
선택 39
나는 그래 40
뒷담화 41
힘내요 42
나에게 내가 43
히든카드Hidden Card 44
다 그런 거야 45
다시 시작하는 거야 46
지금 그 해답 48
독서 49
슬픈 만남 50
길을 찾았나요 51
길을 잃은 그대에게 52
핑계 53
경험 54
하루 살기 55
정情 56
산행山行 57
가을걷이 58

징검돌 셋
버림

꽃잎 편지 62

나이 먹기 63

바보 64

소중한 당신 65

뒤통수 66

잊어 줄게 67

변하지 말자 68

별것 없어 69

허공에서 70

아쉬워 말아요 71

제비와 참새 72

유전遺傳 73

창窓 74

노래를 불러요 75

고백 76

비눗방울 77

이해에 대하여 78

깨어지는 것은 빛난다 79

위로慰勞 80

잃어버린 것 81

징검돌 넷
아픔

웃는 광대　84
채우기　85
부부 싸움　86
구국救國의 기도　87
과잉보호　88
악순환　89
다 그런 건 아니야　90
귀향歸鄕　92
불통不通　93
불신不信　94
문밖에서　95
거의　96
휴대폰　97
단축번호　98
상처　99
의미의 몰락　100
하나 되기　102
지하철　104
잊힌다는 것　105
간극間隙　106

징검돌 다섯
진실

소음　110

애칭　111

법法　112

2024 한반도　113

등산 요령　114

닮은꼴　115

멋진 보물　116

아내의 출장　117

사이보그Cyborg　118

자격연수　119

벽壁　120

윤회輪迴　121

정답　122

이상해　123

차이점　124

모순矛盾　125

절망 그 안식처　126

진실眞實　127

슬플 땐 뒤를 봐　128

한계限界　129

징검돌 여섯
서정

자귀나무 132
5월의 궁남지 133
느낌 134
봄비 135
여름 수채화 136
잡초에게 137
보도블록 138
민달팽이 139
꽃잎 140
우리 사이 141
백합 142
홍어 143
타조 144
장마 145
얼음 146
탄생 147
당신과 나 148
맏이 149
길 찾기 150
따뜻한 불통 151

징검돌 하나

행복 찾기(1)

나무 한 그루에도
빨리 떨구는 잎이 있는데
사람의 일이야
말해서 뭘 하겠어

미련 없이 살다가
빙긋이 웃으며
갈 수만 있다면
최고의 삶 아니겠어

난간 손잡이

산을 오르며
난간 손잡이가
햇살에 빛나는 모습을 보았습니다.

얼마나 많은 사람들이
오르고 내리며
힘주어 의지했을까요.

오롯이 버팀으로
인고忍苦한 당신을 위해
세월이 피해 갔나 봅니다.

사랑받기

확인하며 강요하면
사랑은 멀어지는 거야

사랑받기 쉬운 방법
알려 줄게

조바심 떨지 말고
상대를 편하게 내버려둬

그리고 나를 가꾸는 거야
매력적이게 만드는 거지

출근길

아침에 일어나니
슬픔이 기쁨에게 말했어
오늘 몸이 좀 아파
너 혼자 갔다 와

항상 붙어 다니던 불행도
행복을 떼어 내며 말했어
오늘 좀 피곤해
너 혼자 갔다 와

오늘 출근길에
동행하는 건
기쁨과 행복이네요.
매일매일이 그러하길

오솔길

삶은 기다림인데
기다려야만 하는데
기다림에 지쳐 갈 때
너를 만났어
호젓한 산길이었지

실바람이 싣고 와서
토닥토닥 다독이며
미소 짓게 만든 건
마음의 여유였지
참 편안하고 행복했어

슬픔이 기쁨에게

타인의 삶에서
멋진 모습만 모아
편집해 놓은 것을
자신의 삶에서
초라한 모습에 비교해
시기하고 좌절하며
하루를 채우는 우리들

가까이 다가가 살펴보면
모두 비슷비슷한
희로애락의 인생길
어렵게 펼쳐진 상황을
쉽게 바꿀 순 없어
내가 기뻐할 수 있는 길은
기대치를 바꾸는 거야

배경음악

영화나 드라마를 보면서
배경에 깔리는
음악에 따라
슬픔과 기쁨을
놀람과 화냄을
눈보다 귀가 먼저
알아듣는 우리

인생을 살면서
삶의 배경에 깔리는
자연의 소리는
왜 듣지 못할까요.
새와 바람과 물
그리고 너의 숨소리
평온한 배경음악에 맞춰 살아요.

알고 있답니다

누군가를
아주 떠나보내고 난 뒤에
남은 후회는
돌이킬 수 없기에
더 가슴이 아프다는 걸
잘 알고 있답니다.

하지만
깊숙이 파고든 후회는
오히려
반드시 해야 할 것에 대한
간절함을 만든다는 것도
잘 알고 있답니다.

하루를 여는 이 새벽에
순간순간의 소중함을
잊지 않게 해 달라고
일기장 머리에
꼭꼭 눌러쓰며
꾸준함을 다짐합니다.

천지 창조

한 여자가 마음 돌려
돌아오는 건
어려운 일이 아니야
한 남자가 마주 보며
마중 가는 길은
행복으로 가는 방향이고

두 사람이 만나면
세상이 열리는
큰일이 일어나지
미래가 없다면
세상이 끝나는 거잖아
마음의 문을 열어 봐

행복 찾기(2)

모든 사람들이
부자도 되고
명예도 높아지고
자신이 꿈꾸던 걸
이루었으면 좋겠어
그래야 방향을 잡을 수 있어

꿈꾸던 것을 이룬다고
행복이 함께 오지
않는다는 걸
알아야 하잖니
기대치를 낮추면
웃고 있는 행복이 보여

흔들림

초속의 세상에서
때때로 고집이
인내심의 가면을 쓰고
오기도 해

뿌리까지 흔들리진 말고
바람의 손을 잡고
춤추며 사는 삶이
해답의 방향일지도 몰라

누가 알아보겠어
바람보다 한발 앞서
걷고 있는
네 모습을

부부夫婦

바다는 바라만 보는 것과
풍덩 들어가는 느낌이
달라도 너무 달라

바라보는 것만으로도
즐겁고 행복한
사람이 있고

물속에 흠뻑 담그고
첨벙거리는 것을
좋아하는 사람이 있어

바라보길 좋아하는 너와
들어가길 좋아하는 내가
만나도 참 잘 만났지

너는 바라보며 지키고
나는 찾아내어 일 벌이고
그래서 행복을 만드나 봐

방향전환 方向轉換

남들이 나를 바라보는
성공의 화려함을
나는 볼 수도 없었고
느낄 수도 없었단다.

방향을 전환하며
보이는 곳에 대한 아쉬움과
보이지 않는 곳에 대한
믿음을 갖는 일이었어

삶의 막다른 골목엔
절망만 있는 건 아니었어
간절함의 날개가
허공을 향해 준비하고 있었지

그래 그런 거야
날아오르기 위한
꾸준함만 동행한다면
시간은 널 기다려 준단다.

행복입니다

시간의 양도 중요하지만
시간의 질에 따라
달라지는 삶의 가치

여유를 인정하지 않는
일상의 북소리가
들리지 않는 곳은 없지요.

어느 곳에 있든
지금 이 순간을
오롯이 음미할 줄 안다면

어떤 행복(1)

금반지를 손에 끼고
들여다보며 느끼는
그런 행복이 아니야

타인他人의 손가락에서
반짝이는 반지를 보는
이런 행복을 알고 있니

군중 속에서 무수히 빛나는
빛들의 향연이
모두 내 것이거든

어떤 행복(2)

만년필에 잉크를 채우며
볼펜심을 리필하며
연습장을 넘기며
먹물로 채워진 화선지가 쌓이는
이런 행복을 알고 있나요.

책 속에서 이정표를 발견하며
생각할 수 있고
표현할 수 있고
혼자서도 잘 놀고 있는
이런 행복을 알고 있나요.

숨쉬기

어디서부터
어떻게 갇혔는지
답답하고 힘들 땐

힘 빼고 푹
의자에 온몸 맡기고
숨 고르기 하는 거야

들숨과 날숨 사이
멈춤의 순간을 음미하며
숨쉬기에 안겨 봐

참 별것 아니지
숨 쉬는 것
그게 삶의 전부인데

텃밭 가꾸기

많이 오간 길에도
뒤집혀 보지 못한
박힌 돌이 있어요.

나이가 많다고
모두 경험한 것처럼
자만하지 말아요.

더불어 살아가기 위해
감춰 놓은 처녀지는
당신만 알고 있잖아요.

텃밭에 씨앗을 뿌릴
당신의 시간은
충분히 남아 있어요.

힘내요 당신

솔 리듬의 화음과
미파 리듬의 불협화음이
다정히 어깨동무하고
폴짝거리며 뛰어오는
노래를 듣고 있어요.
마음이 참 맑아지네요.

불협화음이 없다면
화음의 아름다움도 없겠지요.
불협화음을 다독여
아름다운 리듬을 조율하는
당신의 일상을 응원할게요.
모두가 행복일 테니까요.

언덕

저 언덕 너머에
무지개가 떠오르면
무지개의 뿌리를 찾아
숨 가쁘게 뛰어올랐지

저 언덕 너머에
천사들이 살고 있어
아지랑이 피워 올리며
봄바람을 만들어 날렸지

아이가 어른이 되어
언덕에 기대어 집을 짓고
쉼을 얻었어
너는 나의 언덕이야

징검돌 둘

선택

청혼 請婚

뿌리는 오로지
줄기만 바라보며
뻗어 내려
딴짓을 못 해

든든한 뿌리가
되어 줄게
나의 나무가 되어 줘
많이 사랑해

선택

주사 맞기 싫다고
온몸을 웅크리며
울고불고 떼쓰는 아이

주사 맞으면
오늘은 목욕 안 해도 된다는 말에
기꺼이 팔을 내민다.

그래 아가야
잃는 것이 있으면
얻는 것도 있는 거란다.

나는 그래

잘 가꾸어진 수목원에서
무리 지어 핀 꽃보다
시골길 잡초 속에
간신히 고개 들고 있는
풀꽃이 더 예뻐
나는 그래

공들여 곱게 화장하고
마주 앉은 너보다
눈곱만 간신히 떼어 내고
모자를 눌러쓴 모습이
편해서 참 좋아
나는 그래

뒷담화

이유는 알 수 없지만
날 싫어하는 그대
난 그대를 미워하지 않을래요.

모든 것을 가지고
세월이 떠나가면
그대의 생각도 변할 테니까요.

그때가 오면
그대 앞에서 미소 짓는 내가
쑥스럽지 않거든요.

힘내요

냇물이 흘러내리며
장애물을 만나지 못하면
반짝이며 노래 부르는
여울을 만들지 못하지요.

맑아지려는 노력도 없고
흐르는 것 같지도 않게
무심히 시간만 죽이며
아래로 침잠할 뿐이지요.

삶에 편승한 장애물들을
시간이 데려갈 동안만
인내할 수 있다면
너를 더욱 빛나게 만들겠지요.

나에게 내가

많은 것들이
사라지고
떠나갔다고 슬퍼하지 마

모두 괜찮아
그러라고 그래
그럴 수도 있어

멈춰 서서
숨 고르기 하며
찾아 봐

남아 있잖아
배신하지 않고
기다리는 내가

히든카드 Hidden Card

나를 따르고 좋아했던
오래된 인연에게
메시지를 보냈는데
답장이 없다.

내가 더 이상 중요하지 않고
도움이 되지 않아
잊어야 할
사람이 되었나 보다.

거짓 사랑이라도 받으려면
큰 부자가 되거나
명예를 얻어야 하는데
어려울 것 같다.

마지막 히든카드는
건강을 잘 챙겨서
아프지 말고
가늘고 길게 살아야겠다.

다 그런 거야

바람은
한쪽으로 불어오거나
불어 갈 때가 많아요.
이쪽에서 저쪽으로 쭈욱

풀들은
바람이 부는 방향에 따라
힘없이 눕지 않아요.
그렇게 보일 뿐이지

자세히 바라보면
바람에 흔들리는 것처럼
거짓으로 꾸미며
자기만의 리듬을 만들지요.

얄팍한 우리네 삶도
너를 위한 것이 아니라
스스로를 위한 선택지가 많아요.
안 그런가요.

다시 시작하는 거야

앞으로 나아질 것이라는
불확실한 믿음이
현재에서 그 미래로 가는
길목에 도사리고 있는
실패와 절망의
끊임없는 충격에
무너져 내리는 지금

크고 작은 불신들이
마음을 후비며 지나가는
산길을 오르며
집에 두고 온 시원한 물과
편안한 신발을 떠올리며
순간의 고통을 잊는 건
여유로운 너의 생각

커다란 바위는 차라리
옆으로 돌아가기 쉬워
자그마한 모래알들이
발바닥을 괴롭히는 지금은
양말을 뒤집어 떨어내는
짧은 멈춤의 작은 실천이
마음을 다잡게 할 거야

지금 그 해답

바람의 방향은
마음대로 바꿀 수 없지만
돛은 통제할 수 있어

파도의 물결을
막을 순 없지만
반응은 다를 수 있고

바위가 되어 맞서도 되고
모래알처럼 흔들려도 되고
부표 되어 떠 있어도 되지

정답은 없어
자신에게 맞는 방법을
찾아내면 되는 거야

독서

옛날부터 지금까지
깨달은 자들은
침묵하는 경우가 많아
말을 해도 바뀌지 않는 걸
알아 버린 거지

옛날부터 지금까지
진정한 변화는
보이지 않는 곳에서
조용히 이루어져
기다림이 최선이지

조바심 떨거나
어쭙잖은 노파심으로
관계마저 엉클지 말고
지켜보기 힘들 땐
오래된 책 냄새가 편안해

슬픈 만남

곁에 있다고 해서
모두가 친구는 아니지요.

오래되었다고 해서
우정이 깊다고 할 순 없지요.

있는 그대로의 나를
통째로 받아 주는 사람인가요.

친밀감을 얻기 위해
오늘은 무엇을 잃을 건가요.

지금쯤은 가방을
다시 꾸려 보세요.

길을 찾았나요

아직도 철없이
저기 어디에선가
미소 지으며 손짓하는
그 누군가를 찾고 있나요.

막연한 그리움에
매달리는 대신
지금 함께하는 사람에게
마음을 풀어 보세요.

뒤뚱대는 징검돌 밑에는
굄돌을 들이밀며
강 건너 풀숲까지는
함께 가 봐야 하겠지요.

길을 잃은 그대에게

우리는 길을 잃고서도
길을 잃었다는 사실을
모를 때도 있고
올곧게 가고 있으면서도
길을 잃었다고
생각할 때도 있단다.

우리는 완벽하지 않은
사람이니까 당연한 거지
그런데 생각해 보니
길을 잃었다는 건
목적지를 알고 있는 거잖아
얼른 일어나 밥 먹어

핑계

당신 곁에
화분 하나
놓아두면 어떨까요.

당신은 착한 사람
곁에 놓인 화분을
잘 바라봐 주겠지요.

당신 곁에 놓인
화분을 가꾸려고
그곳에 머물러도 되겠지요.

경험

한 번 보는 것이
열 번 듣는 것보다 낫지
암 그렇고말고

시간을 동행한 느낌 없이
얻어지는 경험을
내 것이라고 할 수 있을까

휴대폰 속의 경험을
내 것으로 품고 사는
당신에게 하는 말이야

하루 살기

떠오르는 생각들을
속속들이 알려고 하지 말아요.
머리만 아파요.

이미 일어난 일은
굳이 들추지 말아요.
자기가 알아서 머물다 가겠지요.

의지와 상관없이 생긴 일에
연연하지 말아요.
처음부터 내 것이 아니었어요.

오늘이 좋으면
그것이 행복이지요.
눈뜨는 것이 기적이지요.

정情

구름이 비를 쏟고
하늘 속으로 스며들듯
나도 너에게
예쁘게 스며들었네요.

내 색이 없어져도
괜찮아요.
파스텔로 곱게 채색된
우리 색이 더 예뻐요.

산행山行

많이 올라온 것 같았는데
아직도 한참 남은 정상
산꼭대기에 대한 기대치들이
발걸음을 서두르게 하지만
지금은 너른 바위에 앉아
숨을 고르며 쉬어야 할 때

추월해 가는 사람들을
시기할 필요는 없어
조바심을 떨며
서두를 까닭도 없고
정상에는 내 몫이
기다리고 있을 테니까

황량한 바위산에
바람이 일고
운무가 시야를 가로막아도
오르기 위해 애쓴
너의 노력은 남아 있잖니
그것이면 된 거야

가을걷이

선택할 때와
결과를 바라볼 때의
엇갈린 시간의 간극間隙

후회한다는 건
몸과 마음의 열매가
많이 익었다는 거다.

삶의 계절이
가을이라는 거지
얼마 남지 않은

징검돌 셋

버림

꽃잎 편지

날리는 꽃잎들이
사람들 사는 세상에
알리고 싶은 것이 무엇인지
생각해 본 적 있나요.

할 일 끝냈으면
얼른 자리를 비워 줘야 한다고
팔랑거리는 미소 지으며
아름답게 이별해야 한다고

왜 진즉 몰랐을까
시간으로 채우며
붙잡았던 미련들이
타인에겐 걸림돌이었던 걸

나이 먹기

살아가는 길은
원래 두려움과 동반하는 것
그렇다고 가지 않을 수도
멈출 수도 없잖아

눈을 뜨고 뿌리를 내릴 때
그늘진 곳이고
척박한 땅인 줄
씨앗은 모르고 있었을 거야

이긴 것 같아도
언제나 순응하며 걸어온 길
아무런 생각 없이 만날 때
사람들이 나를 좋아하는 거야

이제는 알겠어
슬플 때는 눈빛부터
흐려진다는 것을
나이 들면 눈부터 흐려지거든

바보

당신이 보고 싶어
먼 길 찾아갔다가
기다리는 시간에
그리움을 송두리째 빼앗기고
화만 내고 돌아서는
나는 바보입니다.

당신과 함께 행복해할 것들을
손가락 접으며 찾아냈는데
당신의 침묵에
싸구려로 팔아 버린
그 시간을 후회하는
나는 바보입니다.

소중한 당신

오랜만에 만났다고
말하지 말아 줘요.
온종일 당신만 생각한
내가 슬퍼지니까요.

살갑게 바라보는
당신의 눈빛만으로도
온몸을 행복으로 감싸
나를 따뜻하게 하니까요.

긴 그림자를 나누며
돌아설 때도
잠시 외출하듯이
가볍게 안녕하며 가세요.

언제가 될지
다시 만나는 날
익숙한 의미를 되새기며
편안할 테니까요.

뒤통수

뒤통수를 맞았다.
머리를 맞은 것이 아니라
마음을 세게 맞았다.
그래도 너라서
참 다행이다.

모르는 사람에게
맞은 것보다
너에게 맞아서
내 탓으로 만들기 쉽다.
난 너를 잘 알거든

잊어 줄게

주고받는 것이 적절하게
균형을 잡을 줄 알아야
집 안에서나 밖에서나
잘 지낼 수 있는 거야

식물도 동물도 사람도
모두 마찬가지고
편 가르기나 편애는
하면 안 되는 거지

가장 가까이 있는 것들이
가장 보기 어려운 것이고
서로 주고받지 않는 사이라면
무슨 의미가 있겠어

변하지 말자

한때 묵인되었거나
무시되었던
말이나 행동들이
더 이상 용납되지 않는
혼돈의 시대

모든 일에 날카로운
법의 칼날로 난도질하면
사람 냄새가 없어질 거야
얼마나 슬픈 일이겠어
우리는 그냥 이대로 살자

그렇다고 서로 구속하지 말고
너는 너답게 나는 나답게
기대치를 조금 낮춰
각각의 성을 쌓으면
슬픔도 안녕히 갈 거야

별것 없어

세상은 참 이상해
네가 버린 쓰레기를
주워 가는 사람이 꼭 있어
너도 누군가의 쓰레기를
소중하게 주워 들기도 하고
참 이상한 세상이지

그러니까 너무 잘났다고
나대지 말고
너무 못났다고
기죽지 말고 살아
나름의 웃음거리 만들며
조금은 푼수처럼 살면 돼

허공에서

비행기 안에서
내려다보는 지구
높고 낮음이 없고
춥고 더움도 없는
그림 한 점

높은 곳에 앉으면
모두 낮추어 보이고
주고받는 느낌도 없이
방향만 있어
발밑은 허공인데

아쉬워 말아요

야트막한 산 정상에
놓여 있는 낡은 의자
줄 서서 기다리는
사람들이 너무 많아
앉아서 바라보지 못했어
하늘을 물들이는 햇살도
한몫했을 거야

급하게 내려와 보니
햇살은 여유 부릴 만큼
남아 있었어
서두를 필요 없었는데
그렇다고 후회하지는 않아
아쉬움을 감춘 포기가
다른 의자를 찾게 도와줘

제비와 참새

제비와 참새가
어쩌다가 재수 없이
같은 시간과 공간에서
함께 날게 되었네요.

비교하기 좋아하는
누군가에게 딱 걸려
우아함과 촐싹거림으로
나뉘어 버렸고요.

제비는 제비처럼 날고
참새는 참새처럼 날아야
당연한 건데
어떻게 비교할 수 있을까요.

새는 다 그래야 한다고
모든 새가 닮아 간다면
그 단조로움을 어찌할까요
달라야 살맛 나는 세상입니다.

유전遺傳

옛날 아주 먼 옛날에도
나이 많은 사람들은
젊은 사람들에게
버릇이 없다고 말했대
물론 젊은 사람들은
나이 많은 사람들에게
고집불통 꼰대라고 했고

그러니까
지금의 갈등은
유전되어 오는 거야
맞지 않는 것이 당연한 것이지
서로 미워하지 마
젊으니까 그런 거고
늙어서 그런 거니까

창窓

갑자기 쏟아지는 비
창밖은 난장판
가리고 뛰고
창문 하나 사이가
참 다른 세상이다.

약속된 시간보다
일찍 도착해 차지한
한정의 내 자리에 앉아
적당한 무관심으로
편안함을 낳고 있다.

노래를 불러요

선택의 자유가 보장되는
세상이라고
함부로 말하지 말아요.

세상이 정한 기준에 옭매여
숨쉬기조차 힘든
답답한 세상인데

살아남기 위해서만
사용하던 숨쉬기를
잠시 바꿔 보세요.

즐거운 삶을 위한
들숨과 날숨의 리듬
힘들 땐 노래를 불러요.

고백

그대여
진정 사랑한다면
과거의 선택들에 대하여
묻지 말아요.
이유가 있었겠지요.

그대여
이해로 덮었던 이유들을
시간이 만든 익숙함이
헤집어 놓아도
사랑만 할 수 있나요, 지금처럼

비눗방울

숨 쉬는 것들은 모두
매 순간 쉬지 않고
앞으로 가거나 뒤로 간다.

머문다는 건 죽음
내가 너에게 죽든
네가 나에게 죽든

숨 쉬는 것들은 모두
조금 더 살거나
조금 빨리 사라진다.

자기만의 색깔과 크기로
오르고 내리다가
바람결에 사라지는

이해에 대하여

놀라서 날아가지 않게
깨금발로 조심조심
엄지와 검지 사이에서
날갯짓하는 잠자리
그 떨림 그 여운

네가 놀라지 않게
너의 세상 속으로
한발 한발 조심조심
함께라는 말로 채우며
서로에게 기대는 마음

깨어지는 것은 빛난다

그동안 많이 깨어졌지만
아직도 깨어질 것이 남아
물속에 가라앉은
크고 작은 모래알

그동안 많이 깨어졌지만
아직도 깨어질 것이 남아
마음에 터 잡고 있는
크고 작은 아집들

내가 준 사랑이
네게는 미움이 될 수 있고
내가 믿었던 것들이
네게는 거짓이 될 수 있어

부유할 수 있을 때까지
좀 더 깨어지기 위해
좀 더 상처받기 위해
돌아서서 다시 간다.

위로慰勞

너를 만나면
마음의 모서리가 깎여
많이 아파

아프니까 화가 나고
화가 나서
많이 슬퍼

모두 다 굴러가는데
나 혼자만
모서리에 갇혀 있어

슬퍼하지 마
너무 애쓰면
모서리가 단단해져

잃어버린 것

미래를 준비하는 일에는
재빠르지만
현재를 즐기는 일은
다음으로 미루는 우리

속도가 너무 빨라
변속기어를 바꾸기 전에
굉음으로 지나쳐 버린
잃어버린 그 추억들

흙에서 멀어질수록
흙 속의 향기와
단순한 리듬은
허전함을 연주해요.

징검돌 넷

아픔

웃는 광대

초록색 동그란 점들이
별빛으로 빛나는
노란 옷을 입은 광대가
넘어져서도 웃고 있어요.

웃기만 하는 걸 보니
철학자가 아니면
공부를 많이 했나 봐요.
감추는 데 익숙한 걸 보니까요.

채우기

반려견과 함께 나선
새벽 산책길
고양이 눈으로 쳐다보는
할머니 두 분

개에게는 잘하면서
부모께 함부로 하는
불효자로 보는
눈길이 싸늘합니다.

부모님 하늘로 가시고
자녀들 모두 갈 길 가고
빈 둥지의 온기를 위해
외로움 채우는 걸 모르나 봅니다.

부부 싸움

언제나 그러하듯이
삐죽하게 나와 있는
송곳의 끝이
말꼬리에 빛을 낸다.

습관이 되어 버린 가출
마땅히 갈 곳이 없다.
흐드러지게 핀 꽃들도
예쁘지 않다.

길거리를 오가며
발자국 수를 세다가
너무 많아서인지
잊어버렸다.

오늘따라
들어와 밥 먹으라는
아내의 전화가 없다.
내가 많이 잘못했나 보다.

구국救國의 기도

한국인들은 모두
너무 많은 아픔을
이미 견디며 살아왔으니
소원 하나 빌어도 되겠지
꼭 이루어졌으면 좋겠어

남북까지는 바라지 않아도
이제는 동서가
나란히 어깨동무하고
둥실둥실 춤추는 세상을
꿈꿔 봐도 되지 않을까요.

과잉보호

소화불량으로
빵빵하게 배가 부른
과자 봉지

풍선 되어 우주로 날아갈 듯
공기로 가득 찬
과자 봉지

과잉보호받고 있는
봉지 속 과자들이
참 답답하겠다.

악순환

됨됨이에 맞게
권력이 주어진다면
세상은 참 맑아질 거야

그런데 참 이상해
됨됨이가 덜된 사람에게
권력을 주는 걸 보면

그러곤 시도 때도 없이
토해 내는 토사물을
자진 납세로 덮고 있어

다 그런 건 아니야

다 그런 건 아니야
사람들은 자신이 태어난
당시의 세상은
기억조차 못 하고
변함이 느껴지지 않는
최근의 시간만
생각하며 살아
평생을 그렇게

다 그런 건 아니야
셀 수 없는 단계가
올바른 순서대로 진행되어야
한 명의 인간이 탄생하는데
아주 슬픈 일이지만
죽는 일은 너무 쉬워
오직 한 가지 숨만 멎으면 돼
허망하게 그렇게

다 그런 건 아니야
만들기는 어렵고
파괴하기는 너무 쉬워

건물도 권력이나 명예도
비극은 순식간이고
기적은 오래 걸려
오지 않을 수도 있고
영원히 그렇게

귀향歸鄕

아기는 하늘나라에 사는
삼신할머니가 점지해야
씨앗이 생기고
태어난다고 했습니다.

화장장 굴뚝을 통해
끊임없이 오르는
혼魂들의 귀향
하늘에서 왔다 하늘로 갑니다.

불통不通

참 답답해
말이 통해야 말이지

개가 짖는 소리도
통역해 주는 세상인데

인공지능이 인간과
대화하는 세상인데

네 말을 해석해 주는
앱app은 언제 생성될까

술통에 빠져야만
끄덕이게 되는 영수회담

불신不信

너에게
소중한 것이라고
나도 소중히 여기라고
강요하지 말아요.

엄지손가락을 치켜세우는
너의 모든 것들이
내겐
아무 의미가 없어요.

내 마음이 닫히며
쿵
내려앉는 소릴
듣지 못했나 보네요.

문밖에서

암 병동에
사람들로 가득합니다.

손님인 나는
웃을 수 없습니다.

문밖에서
눈을 피해 감사하겠습니다.

그래야만 한다는 걸
알고 있습니다.

거의

이제 핵심은 거의에 있다.
거의 아무것도 남은 게 없고
거의 중요한 건 다 있고
이젠 집에서
그 무엇이든
거의 다 할 수 있다는 거고

거의는 권태로움과 동행하며
가차 없이
영혼이 부유하는
세상을 만들어 버렸고
어마어마한 에너지를 필요로 하는
고독만 거의 살아남았다.

휴대폰

책상 위의 식물이
창밖으로 고개를 돌리네요.
괴롭히지도 않고
많이 사랑해 주는데
해바라기가
더 좋은가 봅니다.

마주 앉은 당신은
고개를 숙이고 있네요.
잘못한 것이 있다면
모두 다 용서할 수 있는데
휴대폰 바라기가
더 좋은가 봅니다.

단축번호

오늘도 바쁜가요.
단축번호로 저장해 놓은
소중한 사람마저
잊은 건 아닌가요.

할 말이 없다고요.
그냥 눌러 주세요.
목소리만 들려줘도
모두 다 알 수 있어요.

상처

여미지 못하고 갔어
도넛 같은 마음에
시린 바람이
한참이나 빠르게 지나갔어요.

눈물이 말라
끈적이는 흔적들이
서로 부둥켜안고
슬프게 버티네요.

묻는다는 건 슬픔
아린 상처를
헤집고 지나가는 바람이
많이 시리네요.

의미의 몰락

고객센터에서
고객님 사랑합니다.
무엇을 도와드릴까요.
얼굴도 모르고
이름도 모르는데
나를 사랑한다고 한다.
사랑의 몰락이다.

TV에서 개는 훌륭하다가
방영되고 있다.
훌륭한 사람을
찾아내기 힘든 세상에서
훌륭한 개들이
훌륭하게 살고 있다.
훌륭함의 몰락이다.

대한민국을 사랑한다.
내 조상들이 살았고
내 후손들이 살아갈
내 조국이다.
이제는 조국을 사랑한다고

함부로 말하기 어렵다.
조국의 몰락이다.

사랑은 아무나 하라고 하고
찐 사랑은 Love라 쓰자
훌륭함은 개에게나 주고
사람에게는 Great라고 쓰자
아, 그런데 나의 조국祖國은
Homeland라고 해야 하나
한국어의 몰락이다.

하나 되기

이해한다는 건
　나의 가치관
　나의 욕구
　나의 배경이 만든
　나의 경험으로
너를 보는 것이 아니지요.

이해한다는 건
　너의 가치관
　너의 욕구
　너의 배경이 만든
너의 경험 속으로 들어가
너를 바라보는 것이지요.

이해를 바라는 건
　나의 가치관
　나의 욕구
　나의 배경이 만든
　나의 경험 속으로
너를 초대하는 것이지요.

이해를 바라지 말아요.
너의 가치관
너의 욕구
너의 배경이 만든
너의 경험으로
온전히 나를 알 순 없어요.

지하철

마음을 다 내어준 사람이라도
이렇게 붙어 있지는 못할
출퇴근의 지하철
많은 사람들과 함께하지만
나는 고립되어 있다.

저마다 멋을 낸 모습의
차림과 표정으로 오르내리며
남겨 놓은 뭉그러진 냄새가
쉴 새 없이 뿜어 나오며
환풍기의 용량을 비웃고 있다.

두 발을 딛고 서서
미소 지을 거리를 찾아
오감을 곤두세우지만
모두 다 바쁘다.
눈 맞출 곳은 어두운 창뿐이다.

잊힌다는 것

느낌을 아는 사람은
기다림의 슬픔도 알고
잊혀 가는 시간도
달래어 보낼 줄 알아요.

사랑하던 것들은
사진 속으로 숨어들었고
새로운 시간들은 싸늘하게
지나쳐 가는 지금

누구에게나 비슷한
여정이라는 걸 알면서도
때때로 많이 아쉽습니다.
슬프기도 하고

간극間隙

나는 알고 있고
당신은 모르는
나는 겪어 보았고
당신은 겪어 보지 못한
어긋난 낱말들이
시간의 담벼락에 부딪혀
우수수 쏟아져 내려요.

내가 아는 것을
당신이 알고
내가 겪은 것을
당신이 이해할 때까지
손짓발짓의 언어가
얼마나 더 필요할까요.
마음의 틈이 생기기는 할까요.

징검돌 다섯

진실

소음

산길을 오르지만 말고
너른 바위에 앉아 봐요.
잎사귀 사이를 비집고
찾아오는 햇살을 반겨 봐요.

침묵의 오선지에
자연의 악사들이 모여
공연을 앞두고
조율하는 모습도 보여요.

피아노의 높은음은 참새가
큰북은 뻐꾸기가
첼로의 현을 켜며
동행하고 있는 바람도 있어요.

자연은 어느 것 하나
버릴 것이 없어요.
아 당신의 숨소리가
너무 크네요.

애칭

유년의 나를 찾아
돌아온 고향
대숲은 바람에 일렁이고
순희네 돌담은 그대로인데
다 떠나 버렸구나
어머니마저

살기 위해 애쓴 만큼
불리어지는 이름이 바뀌고
타인처럼 어색한
숙명의 이름표를 달고
굴레에 맞춰
살아온 지난날

여기 있었구나 친구야
네 가슴속에 아직 살아 있었구나
네가 부르는 나에 대한 호칭이
왜 이리 어색할까
너도 나를 부르며 눈치 보는
낯선 그 애칭

법法

법이 없어도 살 수 있는 사람은
착한 사람이 아니라
많이 가난한 사람

지켜야 할 것을
잔뜩 가지고 있는 자들을 위해
만들어진 것이 법

법 앞에 평등하고
법이 널 보호해 준다는 거
모두 거짓말

많이 슬픈 일이지만
살아 보니까 그래
지금 돌아가는 세상처럼

2024 한반도

숙취로 늦게 일어나니
머리는 아프고
벗어 놓은 옷들이
방 안 가득 난장판이다.

방바닥에 따로따로
널브러져 있는 윗도리 아랫도리
반쯤 뒤집혀 뒹굴고 있는 양말
한반도의 정세政勢 같다.

등산 요령

지치지 않고
산을 오르는 방법 알려 줄까
멀리 올려다보지 않기
보폭을 좁혀 걷기
조급해하지 말고
자신에게 맞춰서 꾸준히 걷기

아주 중요한 것 한 가지
내려올 때
더 조심하기
힘든 일이지만
이렇게 오르고 내리면
조금 더 쉬워 인생도

닮은꼴

들녘의 풀들은
비바람에 쓰러지는 것보다
자기들끼리 비비적거리며
서로에게 상처 줄 때가
더 많으면서
비바람 탓을 한다.

비바람이 없으면
자기들끼리 내뿜는 열기로
목마름에 신음하며
뭉그러져 썩으면서도
비바람 탓을 하고 있다.
고마워할 줄 모르고

멋진 보물

높은 자리에 앉아 있을 때
감추었던 본모습이 나타나고
어려움에 처했을 때
그의 진짜 실력이 나타나는 거야

함께 어려움을 이겨 낸
친구를 멀리하지 마
당신의 실력을 믿어 주는
소중한 보물이니까

아내의 출장

아내가 출장 갔다.
집 안에 있는 것들이
모두 작아지고
집이 넓어졌다.

아내가 출장 갔다.
두 밤이 가고 나면
돌아오는 출장이라
참 다행이다.

사이보그Cyborg

사이보그 인간이
눈에는 안경
귀에는 보청기
입안에는 의치를 하고
보행기를 타고 간다.

나이 든다는 건
원하지 않아도
사이보그 인간이 되어 가는 것
사람으로 남아 있을 때
사람답게 살아야겠다.

자격연수

시험이 없는 자격연수
도둑잠을 자려고 뒤에 앉았다.
세미나실 가장 높은 자리
훤하게 다 보인다.

흰머리 몇 명
대머리 몇 명
반백인 몇 명
아직도 검은 머리 몇 명

연식은 비슷한데
모양새는 가지가지다.
태어나는 건 같아도
삶은 다 다르다.

벽壁

이제사
지나고 나서 살펴보니
결국 지나왔으니까
길을 막던 벽들이
모두 영양제였어

팔다리의 근육을 키워
강한 정신을 만들고
숨 쉬고 소화하고
생각의 틀을 키워 낸
꼭 필요한 것들이었어

윤회輪迴

크든 작든
세상의 모든 사건은
사람들처럼 많은
친척과 외척을 갖고 태어난단다.

모든 사건들은
그냥 죽지 않고
사람들이 자식을 남기듯
자신을 닮은 아기를 낳지

그 아이가 자라면서
작은 우연으로 몸집을 키워
또 다른 사건을 만드는 것이고
의미 없이 사라지는 건 없어

정답

등산의 모든 여정은
원래 힘든 거야

목표로 삼은 것에는
고통이 따르는 것이고

정말 중요한 것은
자신의 생각이지

힘든 여정을 즐기는 것은
마음먹기 아니겠어

이상해

보기보다 힘들고
보이는 것만큼
즐겁지 않은
우리네 인생살이

이상도 하지
네가 하면 쉽고
네가 하면 즐겁고
네가 하면 잘하고

차이점

아이들은
자기가 아는 것만 말하고
입을 닫고 듣는다.
대부분의 아이가 그렇다.

어른이 되면
복잡하고 장황한 언어로
꾸미는 기술을 습득한다.
대부분의 어른이 그렇다.

모순矛盾

사랑했던 이유가
헤어져야 할 이유가 되고

사랑을 위한 일이
사랑의 장애가 되는 것은

사랑받고 싶은
사랑하고 싶은 욕망이야

절망 그 안식처

칩거는 연약한 영혼들만의
안식처가 아니지
창살에서 해방된 죄수가
왜 한숨을 쉬는지
그대는 알고 있는가

자유는 언제나
배고픔을 이기지 못하고
기회는 가진 자들의
특권이 되어 버린 지
참 오래되었지

다시금 방에 틀어박혀
절망을 헤집고 찾아낸
가능성에 매달려
끝까지 버티어 보는 것이
참살이라는 것이지

진실眞實

누구에게나 앞과 뒤가 있어
내가 앞에 놓고
뒤에서 지탱해 주어야 할
사랑이 있고
가려져 보이지 않는 뒤에서
나를 지탱해 주는
사랑도 있고

그런데 참 이상해
너를 앞에 놓고
내가 뒤에서 지탱할수록
내 뒤가 든든해져
사랑은 주는 것이 아니라
나를 채워 가는 건가 봐
변함없이 꾸준하게

슬플 땐 뒤를 봐

등대 그늘에 앉았어
크고 작은 배들이
떠나가고 있었어
내 곁의 사람들처럼

슬픈 마음으로 뒤를 보니
정박해 있는 많은 배
내 곁엔 아직
많이 남아 있었어.

한계限界

진실은 간단하다.
왜
하나뿐이니까
머리가 나빠도 할 수 있다.

거짓은 복잡하다.
왜
거짓은 거짓을 낳으니까
머리가 나쁜 사람은 못 한다.

징검돌 여섯

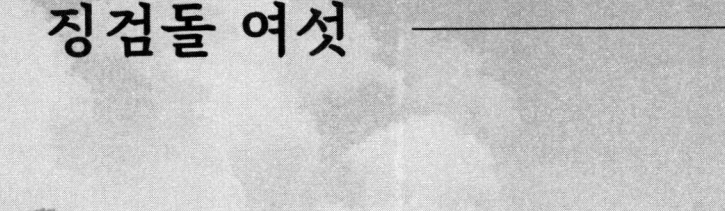

서정

자귀나무

해는 넘어갔는데
어둡지 않아
누가 보면 창피하잖아

잎사귀의 사랑을
꽃으로 덮어 보지만
분홍 이불이 너무 작아요.

※ 자귀나무: 콩과의 정원수. 밤낮에 따라 잎이 열리고 닫히는 모습이 낮에는 일 때문에 떨어져 지내고 밤에는 일 때문에 합치는 부부의 모습과 유사하다고 하여 합환목, 부부목, 사랑목이라고 불리기도 함.

5월의 궁남지

5월 하늘
회색빛 도화지
옛 그리움
올올이 수놓고파

들에 널린 새싹
쑥 향으로 그려 넣고
활활 타오르는 꽃은
붉은 피로 그려 넣고

나비 되어 훨훨
방긋거리는 꽃 찾아
맘껏 비상하리라
그렇게

나래 끝에 머문 그리움
잊힌 추상화를 반추하여
허공虛空 가득
화려한 그림을 그린다.

※ 궁남지: 충청남도 부여읍에 있는 우리나라 최초의 조경.

느낌

비가 올 때는
눈을 감고 귀로 들어 봐
풀숲을 토닥이는
빗방울의 연주가
청아하게 들려오거든
옛사랑을 너무 그리워는 말고

눈이 올 때는
마중 나가 눈으로 보는 거야
고단한 한해살이에
함부로 써 버린 자연의 낙서를
순백의 지우개로 지워 가니
너도 마음의 잡티를 버려야 하잖니

봄비

봄비 오시는 날엔
눈을 지그시 감아 보세요.

촉촉한 풋내로
어루만지는 손길을 느껴 보세요.

풀잎을 토닥이며 부르는
빗방울의 노래를 들어 보세요.

젖지 않은 꽃향기는
덤으로 얹어 온답니다.

여름 수채화

모내기한 논에서
가로와 세로의
정확한 간격을 맞춰
신참 병정의 벼들이
사열을 받는다.

바람은 쉽게
여름을 실어 나르고
빈 공간을 파고드는
잡초들의 발난發難이
안쓰럽게 평정되고 만다.

잡초에게

탓하지 마라

잘못 뿌리 내린

네 탓이지

어디 농부 탓이겠느냐

보도블록

블록과 블록 사이가
많이 넓었나 봐요.

바람이 지나가고
빗방울도 스며들고

아, 햇살도 비집고
어울렸나 봐요.

싹틔운 새 세상이
그곳에 있어요.

민달팽이

에라 모르겠다.
산성비고 뭐고
그냥 맞는 거지 뭐

어차피
젖는 건 마찬가지
맨살로 나왔다.

왜
원래 내 모습인데
뭐가 어때서

꽃잎

꽃잎이 지면
헤어지는 아쉬움에
눈길은 주어도
슬퍼하진 마세요.

꽃잎이 져야
열매가 여물어요.
꽃잎은 열매의 배냇저고리
벗어 내야 희망이지요.

우리 사이

친구야
너는 심고 가꾸며
행복해하지
나는 가만히 바라보며
행복을 느껴

친구야
네가 가꾼 꽃밭에서
행복해하는 나를 보며
행복해하는 너
우리는 깐부 사이

※ 깐부: 어린 시절 딱지치기나 구슬치기 등을 할 때 동맹을 맺고 놀이 자산을 함께 공유하는 가장 친한 친구 절친, 베프.

백합

무너진 돌담 사이로
키 재기 하는 백합
입을 크게 벌리고
향기를 불어 대고 있어요.

막걸리 잔을 비우며
악취를 풍기며 바라보지만
실없이 웃기만 하는
너는 수도승

홍어

입조심해야지
세상을 사는 것처럼

적당히 썩어야 맛나지
세상을 사는 것처럼

씹을수록 부드러워지지
세상을 사는 것처럼

탁주와 함께해야 좋지
세상을 사는 것처럼

타조

날것들은 모두
머리가 작아
생각이 짧아야 하거든
머리가 커서
든 게 많은 너는
일찌감치 날기를 포기해 버렸지

날것들의 날아오름은
족보에 남아 있는 뿌리
목을 길게 빼고
내려다보이는 세상을
발톱으로 파헤치며
뛰노는 너의 자유

장마

한 말 또 하고
한 이야기 또 하며
온종일 떠드는 비

지겹게 퍼붓는다.
짜증 나고 싫다.
피할 곳이 없다.

초록이 물에 잠긴다.
황톳빛이다.
넘실거려 무섭다.

얼음

냉랭한 표정으로
움직임을 멈춘
그대로의 죽음

따뜻한 토닥임으로
다시금 살아나는
너와 나의 관계

탄생

바람의 씨를 받아
수많은 파도를 잉태하여
산란하고 있는 바다

크고 작은 소리로
탄생을 알리는
파도의 울음

그곳에 그대로
멈춘 시간의
일렁이는 젊음이여

당신과 나

함께한 여행길에서
내가 본 것과
당신이 보지 못한 것에 대하여

함께한 여행길에서
당신이 본 것과
내가 보지 못한 것에 대하여

당신과 나는
얼마나 함께
이야기할 수 있을까요.

많이

가진 자들이 젠체하며
떠드는 말

힘없는 자들이 비겁하게
꾸며 낸 말

생각할 겨를도 없이
주워 먹기에 바빴거든

나를 탓하며 합리했고
책임이 침묵을 만들었지

바람이 구름을 걷어 갔어
많이 후련해졌지

시간이 많이 지나갔나 봐
그런데 많이 외롭다.

길 찾기

어느 공간에서건
반짝이는 것이 있다면
어딘가에는 빛이 있어요.

네 두 눈이
반짝이는 건
희망이 있기 때문이지요.

너무나도 슬플 때
기대어 울 수 있는
그 누군가가 있으면

너무나도 아플 때
힘주어 잡고
일어설 것이 있으면

아 그것은 희망
밤하늘에 빛나는
별빛 같은

따뜻한 불통

어린 손녀를 바라보는
할아버지의 눈빛
인생의 해돋이와
해넘이 사이에 놓은
찬란한 무지개다리

대화가 통하지 않아도
바라봄만으로
모두 나눌 수 있는
아 그것은
자연의 심장 같은 것

삶의 길에 행복의 징검돌을 놓으며 잘 살고 있는
대한민국 모든 부부들의 아름다운 인생을 응원합니다.

2024년 10월의 마지막 날
백마강 변에서 牛山 김응길 드림